Unser **Berlin**

▶B BUCHER

Eine kleine Zeitreise

Berlin

Charlottenburg 6

Mitte 36

Pankow und
Friedrichshain-Kreuzberg 122

Spandau und
Steglitz-Zehlendorf 154

Tempelhof-Schöneberg 164

Neukölln und Treptow-Köpenick . 174

Charlottenburg

1871 erlebte die kleine Residenzstadt einen kräftigen Entwicklungsschub, als das Schloss sich als Wohnsitz des Regenten etablierte. Die Bourgeoisie folgte, und Charlottenburg wurde über Nacht eine der reichsten Städte Preußens. 1920 erfolgte der Anschluss an Groß-Berlin, der Bezirk war nun ein Zentrum des Nachtlebens. Seit der Wiedervereinigung ist es ruhiger geworden, es dominieren elegante Restaurants, Cafés und Boutiquen.

Funkturm

Der Berliner Funkturm, erbaut 1924 bis 1926 von Heinrich Straumer, ist ein bekanntes Wahrzeichen der Stadt. Der erste deutsche Sendeturm, bei dem von Anfang an eine Aussichtsplattform für Besucher vorgesehen war, sowie das Messegelände nebenan stehen unter Denkmalschutz.

Charlottenburger Schloss

Lasst Blumen sprechen … damals. Im Ehrenhof des Charlottenburger Schlosses steht heute das Reiterstandbild des Großen Kurfürsten von Andreas Schlüter. Ursprünglich stand die im Jahr 1700 in einem Stück gegossene Barockskulptur auf der Kurfürstenbrücke (heute »Rathausbrücke«).

Teehaus Belvedere

Im Garten von Schloss Charlottenburg steht das 1788 von Carl Gotthard Langhans erbaute Teehaus Belvedere. In ihm werden heute Meisterwerke aus der Königlichen Porzellan-Manufaktur Berlin (KPM) ausgestellt.

Schlossbrücke

Blick über die denkmalgeschützte Schlossbrücke Richtung Norden. 1925 ersetzte man die baufällige ältere Steinbrücke durch eine stabilere Neukonstruktion aus Stahl. Hohe Bäume versperren heute die Aussicht, statt Lastkähnen legen Ausflugsschiffe an.

Stadthäuser Ecke Ku'damm

Blick über die Ecke Ku'damm, Grolmann-, Uhlandstraße Richtung Norden. Nach dem Krieg wurden die herrschaftlichen Stadthäuser durch nüchterne Zweckbauten ersetzt. Rechts sieht man die BMW-Niederlassung Berlin.

Gedächtniskirche

Blick vom Tauentzien auf die Kaiser-Wilhelm-Gedächtniskirche, seit dem Krieg eine Ruine. Rechts lugt der erste gläserne Obelisk der Welt (1987) hervor. Die Elektronik des 35 Meter hohen Lichtturms war zur Zeit seiner Erbauung eine Sensation.

Deutsche Oper

Die Deutsche Oper Berlin ist das zweitgrößte deutsche Opernhaus. Das ursprüngliche, 1911 bis 1912 durch Heinrich Seeling errichtete Gebäude wurde im Zweiten Weltkrieg zerstört. Am 24. September 1961 öffnete der Neubau von Fritz Bornemann seine Tore.

Ernst-Reuter-Platz

Um 1900 hieß der Ernst-Reuter-Platz noch »Am Knie«: Die Berliner Straße (heute Otto-Suhr-Allee) bog hier nach Nordwesten ab. Zwischen Hertzallee (links) und Hardenbergstraße stand einst das Hotel und Restaurant Hippodrom, später das Hochhaus am Knie.

Telefunken-Hochhaus

Das Telefunken-Hochhaus, Ernst-Reuter-Platz Nr. 7, steht seit 1960 an der Stelle des alten »Hotel Am Knie«. Mit 22 Stockwerken und 80 Metern Höhe war es zur Zeit seiner Erbauung das höchste Bürogebäude der Stadt. Blick in die heutige Otto-Suhr-Allee, ehemals Berliner Straße.

Universität der Künste

Blick über Steinplatz und Hardenbergstraße Richtung Gedächtniskirche. Links im Bild die Universität der Künste, eine der ältesten Hochschulen Deutschlands. Die kleinste der vier Universitäten Berlins vereint unter ihrem Dach Fakultäten für Musik, Gestaltung, Bildende und Darstellende Kunst.

Technische Universität

Das alte Hauptgebäude der Technischen Universität um 1900. Die Hochschule entstand aus dem berg- und hüttenmännischen Lehrinstitut, gegründet 1770 auf Veranlassung von Friedrich II. Seit 1965 ersetzt zur Straße des 17. Juni hin ein moderner Neubau die Hochrenaissancefront.

Universität der Künste

Wo sich Anfang des 20. Jahrhunderts der südliche Flügel der Hochschule befand, steht heute der Konzertsaal der Universität der Künste, errichtet 1949-54 von Paul C. Baumgarten. Bis zur Fertigstellung der Philharmonie 1963 spielten hier die Philharmoniker unter Herbert von Karajan.

Tauentzienstraße

Blick in Richtung Gedächtniskirche: Im Vordergrund die neoklassizistische Schalterhalle des U-Bahnhofs Wittenbergplatz und links das KaDeWe. Im Hintergrund dominiert heute das Europacenter mit dem großen Mercedesstern.

Elefantentor

Das Elefantentor, erbaut 1899, wiedererrichtet 1984, bildet den Eingang zum Zoologischen Garten am Olof-Palme-Platz. Deutschlands ältester Zoo ist seit 1844 der Öffentlichkeit zugänglich, die ersten Tiere stammten aus der Privatsammlung von König Friedrich Wilhelm IV.

Mitte

Wo heute der Bezirk Mitte liegt, schlossen sich 1307 die beiden Städte Cölln und Berlin zur Doppelstadt zusammen. Hier entstanden im Lauf der Jahrhunderte viele der wichtigsten Bauwerke Berlins, nicht wenige davon, wie der Reichstag oder das Brandenburger Tor, wurden zu historischen Symbolen. In Berlins Mitte wütete der Krieg besonders heftig, vieles wurde später rekonstruiert, manche Lücke mit architektonischen Neuerungen ergänzt.

Brandenburger Tor

Bei diesen markanten Strukturen fällt die Orientierung leicht: Wie das Brandenburger Tor wurde auch der Reichstag während des Krieges schwer beschädigt. Zu DDR-Zeiten stand das von 1788 bis 1791 errichtete Tor mitten im Sperrgebiet.

Pariser Platz

Blick Richtung Brandenburger Tor unter dem Vordach der Französischen Botschaft hervor. Das neue Botschaftsgebäude, ein Entwurf von Christian de Portzamparc, steht zum Pariser Platz hin an derselben Stelle wie der während des Krieges zerstörte Vorgängerbau.

Siegessäule

Seit 1939 steht die Berliner Siegessäule am Großen Stern. Den drei Säulentrommeln, Symbol für drei Siege über Frankreich, wurde 1940 von den Nationalsozialisten ein weiterer Ring hinzugefügt. Unter der 35 Tonnen schweren vergoldeten Bronzefigur befindet sich eine öffentlich zugängliche Aussichtsplattform.

In den Zelten

Wo heute die Kongresshalle steht, tummelte sich früher das elegante Berliner Bürgertum. Friedrich II. erteilte 1745 die Erlaubnis, einfache Erfrischungszelte aus Leinen an dieser Stelle zu errichten. Daraus wurden bald feste Bauten, die sich zu den bestbesuchten Ausflugslokalen Berlins entwickelten.

Potsdamer Brücke

Die Potsdamer Brücke führt die Potsdamer Straße über den Landwehrkanal in der Schöneberger Vorstadt (heute in Berlin-Tiergarten). Der Blick Richtung Süden orientiert sich an der Straßenführung, die Bebauung hat sich völlig verändert.

Lützowplatz

Früher von Spaziergängern bevölkerter Platz, heute eine Wiese: Der Lützowplatz hat seinen einstigen Mittelpunkt verloren, der Herkulesbrunnen, ein Werk von Ludwig Hoffmann (Architekt und Stadtbaurat) und Otto Lessing (Bildhauer), existiert nicht mehr.

Reichstag

Beim Wiederaufbau und neuerlichen Umbau des Reichstagsgebäudes nach dem Krieg wurden einige Schmuckelemente an der Fassade reduziert, so zum Beispiel an den seitlichen Ecktürmen. Die neu konstruierte Kuppel ist heute begehbar. Das Bismarck-Nationaldenkmal wurde 1938 an den Großen Stern versetzt.

Moltkebrücke

Die Moltkebrücke mit Schmuckskulpturen von Künstlern der Wilhelminischen Ära. Originalteile wurden in den Wiederaufbau miteinbezogen, Verlorengegangenes anhand von Bildvorlagen ersetzt. Im Hintergrund: Wo sich früher Kolonialmuseum und Lehrter Bahnhof erhoben, steht heute der Hauptbahnhof.

Brunnenstraße

Die Entstehung zahlreicher Geschäfte, Restaurants und Kaufhäuser brachte der Brunnenstraße Anfang des 20. Jahrhunderts den Namen »Kudamm des Nordens« ein. Eines der ehemals drei Kaufhäuser hat an der Ecke zur Veteranenstraße den Krieg überstanden.

Alexanderplatz

Ab 1904 entstanden hier die legendären Warenhäuser von Tietz, Wertheim und Hahn, 1913 öffnete die U-Bahn ihre Tore. Zeitgleich mit der Stadtbahn entstanden ab 1929 das Alexanderhaus und das Berolinahaus, auf dem heutigen Foto im Vordergrund zu sehen. Im Hintergrund der Uhrentum des Roten Rathauses.

Marienkirche und Fernsehturm

Früher höchstes Bauwerk im historischen Stadtkern, heute überragt vom »Alex«: Neben den 368 Metern des Berliner Fernsehturms wirkt die mittelalterliche Marienkirche ziemlich klein. Die Aufnahmeperspektive gibt dem Kirchturm einen Teil seiner einstigen Höhe zurück.

Unter den Linden

Ein Großteil der im Krieg zerstörten historischen Gebäude wurde später rekonstruiert. Das Reiterstandbild Friedrichs des Großen kehrte in den späten 1980er-Jahren zu seinem ehemaligen Standort zurück, allerdings einige Meter nach Osten verrückt. Links im Bild die Alte Bibliothek.

Bebelplatz

Der Bebelplatz ist Teil einer als »Forum Fridericianum« im 18. Jahrhundert geplanten Platzanlage. Viele der Gebäude wurden während des Krieges zerstört. Blick von der Humboldt-Universität auf Staatsoper und Hedwigskathedrale, nach Kriegsende als Neubauten mit historischen Fassaden wiedererrichtet.

Staatsoper

Baubeginn für die Staatsoper »Unter den Linden« war 1741, das Opernhaus wurde bereits 1742 eingeweiht. 1843 verwüstete ein Feuer das Gebäude. Der Nachbau wurde im Zweiten Weltkrieg zerstört, 1955 konnte die Oper wiedereröffnet werden.

Friedrichsbrücke

Gusseisen ersetzte Klinker, Beton folgte auf Stahl. Die mehrfach veränderte Friedrichsbrücke verbindet seit 1703 den historischen Stadtkern mit der Museumsinsel. Nach dem Krieg wurde die Brücke leicht stromabwärts versetzt, die Obelisken an den Brückeneingängen in die Rekonstruktion miteinbezogen.

Charité

Das weltberühmte Krankenhaus wurde 1710 auf Veranlassung Friedrichs I. als Lazarett-Haus für Pestkranke vor den Toren der Stadt gegründet. Während der Teilung Berlins bildete die Spree die Wassergrenze zu West-Berlin, das Krankenhaus selbst lag in Ost-Berlin.

Weidendamm-brücke

Nachdem sie 17 Jahre in dieser Form die Spree überspannte, wurde die Weidendammbrücke 1914 bereits wieder abgebaut, um den Bau der U-Bahn zu ermöglichen. Nach dem Ersten Weltkrieg dauerte es neun Jahre, bis die Brücke wieder stand. Den Zweiten Weltkrieg überstand sie nahezu unbeschadet.

Schiffbauerdamm

Blick von der Weidendammbrücke, links das Theater am Schiffbauerdamm, seit 1954 Spielstätte des von Bertolt Brecht gegründeten »Berliner Ensembles«. Wo die alte Ansicht noch den Friedrichstadtpalast zeigt, befindet sich seit dem Abriss des baufälligen Gebäudes 1985 eine Grünfläche.

Reichspräsidentenpalais

Von 1919 bis 1934 diente das Palais als Amtssitz des deutschen Reichspräsidenten. Den Bomben des Zweiten Weltkrieges konnte es nicht standhalten. Seit der Teilung Deutschlands nimmt ein Plattenbau den Standort in der Wilhelmstraße ein. Eine gläserne Erinnerungsstele erzählt die Geschichte des Palais.

Bahnhof Friedrichstraße

Ein reges Kommen und Gehen, damals wie heute. Der Baubeginn zum Bahnhof Friedrichstraße war 1878, 1882 wurde der Bahnhof eröffnet. Zu DDR-Zeiten war der Bahnhof nicht nur wichtigster Grenzübergang, sondern auch eine beliebte Agentenschleuse.

Bahnhof Friedrichstraße

Auf dem südlichen Bahnhofsvorplatz hielten einst die Droschken. Im Vordergrund ist der Schlütersteg zu sehen, über den Fußgänger bis zu seiner Zerstörung während des Zweiten Weltkrieges das jenseitige Spreeufer erreichten. Das Eckgebäude rechts des Bahnhofs ist heute verschwunden.

Friedrichstraße

Blick über Weidendammbrücke auf die alte Komische Oper, heute ein Hotel. Rechts steht seit 2009 das vielfach kritisierte Spreedreieck, das seinen Schatten auf die gesamte Umgebung wirft. Der verantwortliche Hamburger Investor schaffte es in einer lokalen Stadtzeitung auf die Liste der 100 peinlichsten Berliner.

Konzerthaus

Den Mittelpunkt des Gendarmenmarktes nimmt seit 1821 das von Karl Friedrich Schinkel entworfene Schauspielhaus (seit 1994 »Konzerthaus«) ein. Im Krieg schwer beschädigt, wurde die Außenarchitektur des Gebäudes bis 1984 möglichst originalgetreu rekonstruiert.

Sony Center

Mit dem Sony Center am Potsdamer Platz entstand das wohl ehrgeizigste Neubauprojekt Berlins. Links das Hotel Esplanade, dessen noch erhaltene Fragmente den historischen Kern des Sony Centers bilden. Um den Denkmalschutzauflagen zu genügen, wurde der Kaisersaal (1300 Tonnen) um 70 Meter verschoben.

Altes Stadthaus

Um der steigenden Einwohnerzahl Berlins gerecht zu werden, entstand mit dem Neuen Stadthaus (heute »Altes Stadthaus«) am Molkenmarkt von 1902 bis 1911 ein geräumiges Verwaltungsgebäude. Architekt Ludwig Hoffmann ließ sich für das Gebäude von den Türmen der beiden Dome am Gendarmenmarkt inspirieren. Heute hat die Senatsinnenverwaltung in dem originalgetreu wiederaufgebauten Gebäude ihren Sitz.

Jungfernbrücke

Am nördlichen Teil der Friedrichsgracht, einem Uferweg auf der Spreeinsel, überspannt die Jungfernbrücke den Schleusengraben. Sie ist die älteste bis heute erhaltene Brücke der Stadt. Das aktuelle Bild zeigt links das Auswärtige Amt, rechts Bauten aus der DDR-Zeit.

Friedrichsgracht

Alles eine Frage der richtigen Zeit: Die einstige Bebauung ist verschwunden, doch im Abendlicht wirken selbst die unspektakulären neuen Plattenbauten an der Friedrichsgracht romantisch.

Märkisches Museum

Blick über die Waisenbrücke auf das Märkische Museum. Die Brücke wurde nach dem Krieg nicht mehr aufgebaut, im Vordergrund sind noch die Auflager zu erkennen.

Ephraim-Palais

Das Ephraim-Palais am Rande des Nikolai-Viertels wurde von den Nationalsozialisten abgebaut. Unter Einbeziehung der erhalten gebliebenen Bauteile ließ die Stadt das Rokokogebäude während der Vorbereitung auf die 750-Jahr-Feier der Stadt 1985 knapp neben seinem alten Standort wieder aufbauen.

Jannowitzbrücke

Blick vom Mühlendamm auf die Spree Richtung Jannowitzbrücke. Hier wurde 1578 die erste schiffbare Schleuse erbaut. Einhundert Meter oberhalb des Mühlendamms entstand von 1936 bis 1942 der Neubau einer Doppelkammer für 1000-Tonnen-Schiffe.

Neuer Marstall

Der Berliner Neptunbrunnen stand bis 1951 vor dem Neuen Marstall, mittlerweile findet man ihn auf dem Alexanderplatz wieder. Im Neuen Marstall standen um 1900 die Pferde und Kutschen des kaiserlichen Hofes, heute ist hier die Hochschule für Musik »Hanns Eisler« untergebracht.

Alexanderplatz

Das legendäre Warenhaus von Hermann Tietz (1904–1911) – »Hertie«. 1911 besaß das Gebäude mit 250 Metern die längste Kaufhausfassade der Welt. Die Ruine wurde nach dem Zweiten Weltkrieg abgetragen. Das neu errichtete Gebäude entstand Ende der 60er-Jahre.

Altes Museum

Blick über den Lustgarten auf das Alte Museum (bis 1845 »Königliches Museum«). Nach einem Entwurf Karl Friedrich Schinkels wurde das Gebäude 1825 bis 1828 im Stil des Klassizismus errichtet. Der Lustgarten wurde im Lauf der Jahre mehrfach umgestaltet. Die Granitschale stammt aus dem Jahr 1831.

Bode-Museum

Das Bode-Museum – eröffnet 1904 als »Kaiser-Friedrich-Museum« – ist Teil des UNESCO-Weltkulturerbes Museumsinsel Berlin. Das nach dem Krieg restaurierte Neobarock-Gebäude beherbergt heute die Skulpturensammlung, das Museum für Byzantinische Kunst und das Münzkabinett.

Berliner Dom

Blick über die Spree auf den Berliner Dom. Das Schloss (auf dem alten Foto links) ließ Walter Ulbricht sprengen. Der nachfolgende »Palast der Republik« wurde 2006 abgerissen, die alte Rathausbrücke wird neu errichtet. Auf dem aktuellen Bild links der Neue Marstall, rechts das Nikolaiviertel.

Berliner Dom

Der Wunsch nach einem repräsentativen Kirchengebäude anstelle des alten Schinkel-Doms wurde bereits im ersten Drittel des 19. Jahrhunderts laut. Aus Geldmangel begannen die Bauarbeiten erst 1894. Im Vordergrund: Diese Seite des Lustgartens wurde nach dem Krieg nicht wieder erneuert, die beiden Seiten sind durch eine breite Straße voneinander getrennt.

Unter den Linden

In den 70er-Jahren wurde ein Großteil der im Krieg zerstörten Gebäude als »Humanistisches Erbe« wieder restauriert. Für das Stadtschloss kamen alle Rettungsversuche zu spät – das von der sowjetischen Besatzungsmacht als Symbol für preußischen Militarismus angeprangerte Gebäude war 1950 gesprengt worden.

Unter den Linden

Blick auf das Kranzler-Eck: Heute steht hier das zu DDR-Zeiten errichtete Westin Grand Hotel. Das beliebte Café Kranzler wurde nach dem Zweiten Weltkrieg im Westen am Ku'damm wieder eröffnet.

Gendarmen-
markt

Mit ihren markanten Kuppeltürmen, zwischen denen sich das Konzerthaus verbirgt, dominieren der deutsche und der italienische Dom die architektonische Gestalt des Gendarmenmarktes. Während des Zweiten Weltkrieges wurden die 1780 bis 1785 errichteten Türme zerstört, der Wiederaufbau erfolgte ab 1981.

Unter den Linden

Als Kurfürst Friedrich Wilhelm die Allee nach dem Dreißigjährigen Krieg anlegen ließ, führte sie noch durch Felder und Wiesen. Über 2000 Bäume wurden in den folgenden Jahren gepflanzt, um die junge Allee wuchs bald eine neue Vorstadt heran. Heute ist ein Großteil der Bebauung restauriert.

Potsdamer Platz

Die alte Ansicht zeigt den Potsdamer Platz vom Restaurant des Kaufhauses Wertheim aus. Für diese erhöhte Perspektive wären heute Flügel nötig, das Kaufhaus wurde im Zweiten Weltkrieg zerstört. Hier befindet sich jetzt eine der wenigen Freiflächen der Innenstadt.

Potsdamer Platz

Das »Haus Vaterland« war ein großer Gaststättenbetrieb und Vergnügungspalast. Mehrere Themenrestaurants, Bars, Cafés und Tanzlokale zogen von 1928 bis 1943 zahlreiche Besucher an. Die markante, runde Fassade des neuen Bürogebäudes ist eine Reminiszenz an den Vorgängerbau.

Pankow und Friedrichshain-Kreuzberg

Berlins nördlichster Bezirk Pankow präsentiert dem Spaziergänger schmucke Villen und einen besonders hohen Anteil an Grünflächen, darunter der bereits seit 1907 der Öffentlichkeit zugängliche Bürgerpark. Im Süden grenzt Friedrichshain-Kreuzberg an, ein multikultureller Bezirk, dessen beide Ortsteile die Spree trennt, welche man seit Ende des 19. Jahrhunderts auf der Oberbaumbrücke, dem Wahrzeichen des Stadtteils, überqueren kann.

Kollegienhaus

1735 entworfen, ist das Kollegienhaus in der Lindenstraße 14 das älteste Gebäude Kreuzbergs. Bis 1913 residierte in dem Barockbau das preußische Kammergericht, heute findet man hier den Eingang zum Jüdischen Museum. 1963 bis 1969 wurde das im Krieg stark beschädigte Haus wieder aufgebaut.

Blücherplatz

Das Kaufhaus Hertie am Belle-Alliance-Platz, heute Blücherplatz. 1965 erlebte es einen der erfolgreichsten und originellsten Kassenraube im Nachkriegs-Berlin. Im März 1999 musste das traditionsreiche Kaufhaus schließen.

Mehringplatz

Der Mehringplatz bildet den südlichen Endpunkt der Friedrichstraße. Prachtvolle Häuser aus der Gründerzeit bestimmten Anfang des 20. Jahrhunderts das Straßenbild – heute erheben sich hier Neubauten. 1902 wurde hier einer der ersten Hochbahnhöfe der Stadt errichtet (Hallesches Tor).

Anhalter Steg

Die Fußgängerbrücke Anhalter Steg überquert den Landwehrkanal in Berlin-Kreuzberg. Die Brückenpfeiler stehen auf den Fundamenten des im Zweiten Weltkrieg zerstörten Viadukts der Berlin-Anhaltischen Eisenbahn, die bereits 1841 Passagiere von Berlin nach Köthen brachte.

Kottbusser Damm

Das Kaufhaus am Kottbusser Damm – zunächst »Hertie«, später »Union« – teilte das Schicksal vieler anderer Berliner Bauten, es fiel den Bombenangriffen im Zweiten Weltkrieg zum Opfer. Ein unspektakulärer Neubau nimmt heute die Stelle des Kaufhauses ein.

Kottbusser Tor

Auch das Kottbusser Tor hat nach dem Zweiten Weltkrieg seinen einstigen Gründerzeitcharakter verloren. Dominiert wird der Platz heute vom Hochbahnhof der Linie U1 (Züge verkehren hier bereits seit 1902), die Gebäude wurden ab den 1950er-Jahren errichtet.

Sankt-Michael-Kirche

Erbaut wurde die denkmalgeschütze Kirche 1851 von August Soller, einem Schüler Schinkels. Apsis, Sakristei und Querschiff wurden nach dem Krieg restauriert, ein Pfarrhaus in die Ruine eingebaut. Das Langschiff blieb unüberdacht. Im Vordergrund das Engelbecken.

Engelbecken

Bis in die 1920er-Jahre hinein war das Engelbecken Teil des Luisenstädtischen Kanals, den Joseph Lenné plante. Ein Teil der Wasserstrecke wurde 1926 zugeschüttet und in eine Grünanlage umgestaltet, die der Zweite Weltkrieg zerstörte. Seit 1991 wird das Gelände saniert.

Anhalter Bahnhof

Sechs Jahre dauerte es, den damals weltberühmten Fernbahnhof zu errichten. Als Ersatz für den zu klein gewordenen Vorgängerbau wurde der Berlin-Anhaltische Eisenbahnhof 1880 in Betrieb genommen. Ab 1942 gingen von hier aus über 100 Judentransporte nach Theresienstadt.

Anhalter Bahnhof

Die Vogelperspektive zeigt, dass der Krieg auch vor der angrenzenden Bebauung nicht Halt machte: Heute ist die Bahnhofsruine von zweckmäßigen Neubauten umgeben.

Sankt-Thomas-Kirche

Auf den ersten Blick sind kaum Unterschiede zu bemerken: Beim Wiederaufbau der Kirche nach dem Krieg orientierte man sich bei der Außenfassade an historischen Vorlagen, nur der Innenraum wurde abgeändert. Nach ihrer Fertigstellung 1869 war die spätklassizistische Kirche mit 3000 Plätzen der größte Sakralbau Berlins.

Oberbaum-brücke

Die neugotische Oberbaumbrücke entstand 1894 bis 1896. Die obere Brückenebene führt die U-Bahnlinie U1 über die Spree, unter dem Viadukt befindet sich ein geschützter Fußgängerübergang, der einem mittelalterlichen Kreuzgang nachempfunden ist. Rechts die Zentrale des Universal Musikkonzerns.

Märchenbrunnen Friedrichshain

106 Steinfiguren schmücken den Märchenbrunnen im Volkspark Friedrichshain. Im Krieg stark zerstört, begann die provisorische Widerherstellung der Anlage in den 1950er-Jahren, 2005 startete man die denkmalgerechte Rekonstruktion.

Strandbad Weißensee

Das Strandbad Weißensee ist heute noch in Betrieb. Es gehörte bis 1919 zum Schloss Weißensee, einem als öffentliche Vergnügungsstätte genutzten Gebäude mit Seeterasse, Musikpavillon und Tanzsälen. Das Schloss selbst brannte 1919 ab.

Bürgerpark Berlin-Pankow

1856 ließ Hermann Killisch von Horn auf dem Gelände einer ehemaligen Papiermühle von 1800 einen Landsitz errichten. Den Eingang bildete das um 1865 erbaute und 2007 restaurierte Eingangsportal. 1907 erwarb die Gemeinde Pankow das Gelände und gab es für die Bürger frei.

Spandau und Steglitz-Zehlendorf

Spandau, selbstständige Stadt bis 1920, hat bis heute seinen rund 800 Jahre alten mittelalterlichen Kern bewahrt. Wer vor der Nikolaikirche in der ruhigen Spandauer Altstadt steht, mag kaum glauben, dass das quirlige Berliner Stadtzentrum gerade knappe zehn Kilometer entfernt liegt. Im angrenzenden Steglitz-Zehlendorf findet man Villen, ausgedehnte Grünanlagen und den Botanischen Garten.

Sankt-Nikolai-Kirche

Die Fußgängerzone in der Spandauer Altstadt hat ihren kleinstädtischen Charme bewahrt. Dominiert wird das Straßenbild von der St.-Nikolai-Kirche aus dem 14. Jahrhundert. Seine rekonstruierte Barockhaube erhielt der im Zweiten Weltkrieg ausgebrannte Turm erst im Jahr 1989 wieder zurück.

Forsthaus Paulsborn

Am Rande des Grunewaldsees steht seit 1800 das Gehöft und spätere Forsthaus Paulsborn. Der bis heute erhaltene Gaststättenbau stammt aus dem Jahr 1905. Das Gebäude im Stil der Neorenaissance ist wie eh und je ein beliebtes Ausflugsziel für die kurze Sommerfrische.

Botanischer Garten

Der preußisch-akkurate Schnitt der Hecke verrät sofort die alte Ansicht: Das Große Tropenhaus im Botanischen Garten in Berlin-Lichterfelde, eröffnet 1907, ist eines der wichtigstn Beispiele für die Glas-Stahl-Architektur des 19. Jahrhunderts. Das Stahlgerüst überstand den Krieg unbeschadet.

Herz-Jesu-Kirche

Aus der Cecilienstraße ist die Clayallee geworden, die Bebauung ist dieselbe geblieben: Das Gebäude gegenüber der Herz-Jesu-Kirche in Zehlendorf (erbaut 1907 bis 1908) beherbergt heute das Haus Riemeisterfenn, eine Seniorenbetreuungsstätte.

Tempelhof-Schöneberg

Schönebergs neuzeitliche Wurzeln finden sich in den 1920er-Jahren, als das gerade frisch eingemeindete Stadtviertel sich zum Schmelztiegel für Künstler, Intellektuelle und Andersdenker entwickelte. An das grausame Werk des Krieges erinnert die Ruine des einst größten europäischen Bahnhofs. Vor dem Schöneberger Rathaus hielt John F. Kennedy 1963 seine berühmte Rede.

Nollendorfplatz

Im Zweiten Weltkrieg wurde der Hochbahnhof Nollendorfplatz, eröffnet 1902, schwer beschädigt. Die imposante Kuppel konnte erst zum 100-jährigen U-Bahn-Jubiläum 2002 aus Spendengeldern vereinfacht rekonstruiert werden. Ab hier verkehrt die Bahn Richtung Westen wieder unterirdisch.

Hausdurchbruch am Dennewitzplatz

Neben der Lutherkirche (heute »American Church«) befand sich bis zum Zweiten Weltkrieg ein bekanntes Berliner Kuriosum: Aus verkehrstechnischen Gründen musste die U-Bahn ein Wohnhaus zwischen Bülowstraße und Dennewitzplatz in Höhe der ersten beiden Stockwerke durchqueren.

U-Bahnhof Bülowstraße

Der Hochbahnhof an der Kreuzung Potsdamer Straße / Bülowstraße ist ein Entwurf des Jugendstilarchitekten Bruno Möhring. Das im Krieg stark beschädigte Bauwerk wurde möglichst nah am Original wiederaufgebaut. Im Hintergrund der Dennewitzplatz mit der Lutherkirche.

Kaiser-Wilhelm-Platz

Der Kaiser-Wilhelm-Platz ist ein verkehrsreiches Zentrum im Ortsteil Schöneberg. Heute dominieren Autos das Bild. Neben neuer Bebauung ist immer noch Altes wiederzuerkennen: In der Mitte links das 1902 erbaute »Damenheim«, das in der Kaiserzeit von werktätigen Frauen aus gutem Hause bewohnt wurde.

Neukölln und Treptow-Köpenick

Neukölln, Berlins einkommensschwächstes Viertel, gilt als sozialer Brennpunkt der Stadt. Doch auch hier lohnt sich ein längerer Blick, zum Beispiel auf Böhmisch-Rixdorf, eine 1737 gegründete Gemeinde böhmischer Religionsflüchtlinge, von der noch ein guter Teil der alten Bausubstanz erhalten ist. Den östlichen Abschluss Berlins bildet dann Treptow-Köpenick mit viel Wald und Wiesen und den beiden Müggelseen.

Bethlehems-kirche

Sie gehört zu jenen Kirchen, die erst bei der Bildung Groß-Berlins 1920 Teil des Stadtgebiets wurden und durch ihre vom Stadtzentrum entfernte Lage den Zweiten Weltkrieg überstanden: die Dorfkirche Rixdorf (seit 1912 »Betlehemskirche«), in Böhmisch Rixdorf im Bezirk Neukölln am Richardplatz.

Jahndenkmal

Die Bronze ist patinaüberzogen, die Büsche sind gewachsen, der Sockel mit den Ehrentafeln verschiedener Turnvereine ist graffitiübersät: Am Denkmal für »Turnvater« Friedrich Ludwig Jahn nagt der Zahn der Zeit. Am 19. Juni 1811 eröffnete Jahn mit der Hasenheide den ersten Turnplatz in Preußen.

Karstadt am Hermannplatz

1929 waren die Bauarbeiten beendet, das hochmoderne Kaufhaus mit seiner an New York erinnernden Architektur und dem 4000 Quadratmeter großen Dachgarten war eine überregional bekannte Attraktion. Eine 15 Meter hohe Lichtsäule überstrahlte nachts die 56 Meter hohen Türme.

Blick vom Dachgarten

Dass der Neubau am Hermannplatz nicht mehr die Höhe des Vorgängergebäudes erreicht, wird beim Blick vom Dachgarten deutlich. Vor dem Krieg reichte dieser über ganz Kreuzberg und Neukölln.

Müggelturm

Den Müggelturm, ein beliebtes Ausflugsziel in Köpenick, ließ Carl Spindler errichten. Der Turm im chinesischen Pagodenstil lockte Besucher mit einem Restaurant und einer Aussichtsplattform mit Panoramablick bis hin zur Stadtsilhouette von Berlin. 1958 vernichtete ein Feuer das Bauwerk, das 1961 in der heutigen Form eingeweiht wurde.

Abteibrücke

Die Abteibrücke, 1915 als erste Stahlbetonbrücke Deutschlands errichtet, bringt Fußgänger von Alt-Treptow auf die Insel der Jugend. 1886 wurde auf der Insel ein Restaurant erbaut, das einer schottischen Klosterruine (Abtei) nachempfunden war und so der Brücke ihren heutigen Namen gab.

Register

Abteibrücke 186–187
Alexanderplatz 56–57, 100–101
Altes Museum 102–103
Altes Stadthaus 86–87
Anhalter Bahnhof 140–143
Anhalter Steg 130–131
Bahnhof Friedrichstraße 76–79
Bebelplatz 62–63
Berliner Dom 106–109
Betlehemskirche 176–177
Blücherplatz 126–127
Bode-Museum 104–105
Brandenburger Tor 38–41
Brunnenstraße 54–55
Bülowstraße 170–171
Bürgerpark Berlin-Pankow 152–153
Charité 68–69
Charlottenburger Schloss 10–11
Dennewitzplatz 168–169
Deutsche Oper 20–21
Elefantentor 34–35
Engelbecken 138–139
Ephraim-Palais 94–95
Ernst-Reuter-Platz 22–23
Fernsehturm 58–59
Forsthaus Paulsborn 158–159
Friedrichsbrücke 66–67
Friedrichsgracht 90–91
Friedrichstraße 80–81
Funkturm 8–9
Gedächtniskirche 18–19, 32–33
Gendarmenmarkt 82–83, 114–115

Haus Vaterland 120–121
Hermannplatz 180–183
Herz-Jesu-Kirche 162–163
In den Zelten 44–45
Jahndenkmal 178–179
Jannowitzbrücke 96–97
Jungfernbrücke 88–89
Kaiser-Wilhelm-Platz 172–173
Kollegienhaus 124–125
Konzerthaus 82–83
Kottbusser Damm 132–133
Kottbusser Tor 134–135
Kranzler-Eck 112–113
Kurfürstendamm 16–17
Lutherkirche 168–169
Lützowplatz 48–49
Märchenbrunnen 148–149
Marienkirche 58–59
Märkisches Museum 92–93
Mehringplatz 128–129
Moltkebrücke 52–53
Müggelturm 184–185
Neptunbrunnen 98–99
Neuer Marstall 98–99
Nollendorfplatz 166–167
Oberbaumbrücke 146–147
Pariser Platz 40–41
Potsdamer Brücke 46–47
Potsdamer Platz 118–121
Reichspräsidentenpalais 74–75
Reichstag 50–51
Sankt-Michael-Kirche 136–137

Sankt-Nikolai-Kirche 156–157
Sankt-Thomas-Kirche 144–145
Schiffbauerdamm 72–73
Schlossbrücke 14–15
Siegessäule 42–43
Sony Center 84–85
Staatsoper 64–65
Strandbad Weißensee 150–151
Tauentzienstraße 32–33
Teehaus Belvedere 12–13
Telefunken-Hochhaus 24–25
Tropenhaus Botanischer Garten 160–161
Universität der Künste 26–27
Unter den Linden 60–61, 110–113, 116–117
Volkspark Friedrichshain 148–149
Weidendammbrücke 70–71
Wittenbergplatz 32–33

Bildnachweis

Alle neuen Fotos: Johann Scheibner.
Alte Ansichten: Sammlung Johann Scheibner: Umschlag, S. 6, S. 8, S. 10, S. 12, S. 14, S. 16, S.18, S. 20, S. 24, S. 26, S. 28, S. 30, S. 32, S. 36, S. 38, 40, S. 42, S. 44. S. 46, S. 48, S. 50, S. 52, S. 54, S. 56, S. 58, S. 60, S. 62, S. 66, S. 68, S. 72, S. 74, S. 76, S. 80, S. 82, S. 84, S. 86, S. 90, S. 92, S. 94, S. 96, S. 98, S. 100, S.102, S. 104, S. 106, S. 108, S. 110, S. 112, S. 114, S. 116, S. 118, S. 120, S. 122, S. 124, S. 126, S. 132, S. 134, S. 136, S. 138, S.140, S. 144, S. 148, S. 150, S. 152, S. 154, 156, S. 158, S. 160, S. 162, S. 166, S. 172, S. 174, S. 176, S. 178, S. 180, S. 182, S. 186; Library of Congress: S. 64, S. 128; PD: S. 22, S. 34, S. 70, S. 78, S. 88, S. 130, S. 142, S. 146, S. 164, S. 168, S. 170, S. 184

Impressum

Programmleitung: Dagmar Becker-Göthel
Produktmanagement: Cornelia Schmidt
Graphische Gestaltung: Medienfabrik GmbH, Stuttgart
Umschlaggestaltung: Studio Schübel Werbeagentur GmbH, München
Herstellung: Bettina Schippel
Litho: Cromika s.a.s., Verona
Gesamtherstellung: GeraNova Bruckmann Verlagshaus GmbH

Alle Angaben dieses Bandes wurden vom Autor sorgfältig recherchiert und vom Verlag auf Stimmigkeit und Aktualität geprüft. Allerdings kann keine Haftung für die Richtigkeit der Informationen übernommen werden. Für Hinweise und Anregungen sind wir dankbar. Zuschriften bitte an:

Bucher Verlag
Produktmanagement
Postfach 400209
80702 München
E-Mail: lektorat@bruckmann.de

Bibliografische Informationen der Deutschen Nationalbibliothek
Die Deutsche Nationalbibliothek verzeichnet diese Publikation in der Deutschen Nationalbibliographie; detaillierte bibliographische Daten sind im Internet über http://dnb.d-nb.de abrufbar.

© 2010 Bucher Verlag, München
Alle Rechte vorbehalten
ISBN 978-3-7658-1813-4

Unser komplettes Programm:
www.bucher-verlag.de

Weitere Titel dieser Reihe

ISBN 978-3-7658-1812-7

ISBN 978-3-7658-1814-1

ISBN 978-3-7658-1815-8

Das komplette Programm finden Sie unter www.bucher-verlag.de

BUCHER